Pinar Kehribar

Erziehung und Bildung in Iran

Entwicklung des Bildungssystems seit dem 19 Jh.

GRIN Verlag

Bibliografische Information der Deutschen Nationalbibliothek:

Die Deutsche Bibliothek verzeichnet diese Publikation in der Deutschen National-
bibliografie; detaillierte bibliografische Daten sind im Internet über http://dnb.d-
nb.de/ abrufbar.

Impressum:

Copyright © 2005 GRIN Verlag GmbH
Druck und Bindung: Books on Demand GmbH, Norderstedt Germany
ISBN: 978-3-656-63758-5

Dieses Buch bei GRIN:

http://www.grin.com/de/e-book/94258/erziehung-und-bildung-in-iran

GRIN - Your knowledge has value

Der GRIN Verlag publiziert seit 1998 wissenschaftliche Arbeiten von Studenten, Hochschullehrern und anderen Akademikern als eBook und gedrucktes Buch. Die Verlagswebsite www.grin.com ist die ideale Plattform zur Veröffentlichung von Hausarbeiten, Abschlussarbeiten, wissenschaftlichen Aufsätzen, Dissertationen und Fachbüchern.

Besuchen Sie uns im Internet:

http://www.grin.com/

http://www.facebook.com/grincom

http://www.twitter.com/grin_com

Inhalt

Einleitung

Bildung dient sowohl der Entfaltung des inneren Menschseins und der eigenen Individualität, als auch zur gesellschaftlichen Nützlichkeit. Oftmals werden Bildungsinhalte in einen gesellschaftlichen Kontext gerückt, so dass diese wiederum zunächst zur Erziehung werden. Bildung ist demnach eine spezielle Erziehung bestimmter Fähigkeiten.

Ziel der Erziehung ist es, Menschen ihren Platz in einer Gesellschaft zuzuweisen. Es gibt drei Arten von Erziehung, die Erziehung des Körpers, des Verstandes und der Seele. Im Islam ist die Bildung eine allgemein menschliche Erziehung, der Koran und die Aussprüche des Propheten Muhammad, die Gebote und Verbote, dienen als Maßstab der Erziehung. Entscheidungsfreiheit und Verwirklichungsfreiheit gehören zu den wesentlichen Erziehungsfaktoren des Islam. Das Erziehungs- und Bildungssystem eines Landes ist maßgebend als direkte Grundlage für den Aufbau der kommenden Generationen. Diese Arbeit führt die historische Entwicklung der Erziehung und Bildung in Iran unter Berücksichtigung lediglich für die Erziehung und Bildung relevanten politischen, wirtschaftlichen und gesellschaftlichen Ereignisse seit dem 19.Jahhundert auf.

1. Erziehung im Islam

Die Familie spielt in der islamischen Gesellschaft eine außerordentlich wichtige Rolle. Die Familienordnung ist streng hierarchisch aufgebaut, die Aufgabenbereiche der Frau und des Mannes sind klar verteilt. Während die Frau für den Haushalt und das Wohlergehen aller Familienmitglieder zuständig ist, ist der Mann verpflichtet für die dafür notwendigen materiellen Voraussetzungen zu sorgen. Zu den Aufgaben der Frau gehört selbstverständlich auch die Erziehung der Kinder. Der Mann mischt sich nur bedingt ein. Mit jedem Kind, das geboren wird, steigt das Ansehen einer Frau. Allerdings wird nur selten jedem Kind die gleiche Zuneigung entgegengebracht.

Die Bevorzugung der Söhne hat verschiedene Gründe: zum einen bleibt die Familie über ihre Söhne weiter bestehen, des weiteren können Söhne ohne Probleme die Versorgung der Eltern im Alter übernehmen, wohingegen Töchter sich durch ihre Heirat, einer neuen Familie verpflichten. Mädchen und Jungen werden unterschiedlich erzogen und schon früh auf ihre zukünftige gesellschaftliche Rolle vorbereitet.

Die Kindererziehung in Familien verschiedener Gesellschaftsschichten unterscheidet sich stark voneinander, sowie die Rollenverteilung innerhalb der Familie.

Ziel einer islamischen Erziehung ist es, Kinder zu überzeugten Muslimen zu erziehen. Sie sollen schon früh in der Lage sein, sich für den Islam einzusetzen und ihn zu verstehen um den Islam und seine Kultur aufrecht zu erhalten. Unmittelbar nach der Geburt, wird dem Kind das islamische Glaubensbekenntnis ins rechte Ohr gesprochen

(*„Es gibt keinen Gott außer Gott, und Muhammad ist sein Prophet"*).

Es wird davon ausgegangen, dass der Islam die „natürliche Religion" eines jeden Menschen ist, so ist kein späteres Bekenntnis, keine „Bekehrung" oder Taufe notwendig, sofern das Kind in einer muslimischen Umgebung aufwächst.

Eltern dienen als Vorbilder, das gilt auch für die religiöse Erziehung, welche indirekt erfolgt. Das Kind wächst mit islamischen Festen und Feiertagen auf, mit Geboten, Verboten und vorgegebenen Moralauffassungen. Schritt für Schritt wird das Kind in die Glaubenspflichten („die fünf Säulen") des Islam eingeführt. Der Islam ist eine kinderfreundliche Religion, gleich ihres Geschlechts, sollen nach Koran, Kinder als Gottes Geschenk angesehen werden.

Der Prophet Mohammed hat sich neben der Umerziehung der Erwachsenen, auch mit der Erziehung der jungen Generation beschäftigt, wobei er den größten Wert auf die Bildung legte, d.h. auf die Wissensvermittlung und den Wissenserwerb, wie Koranlehre, Lesen und Schreiben. Ein berühmter Ausspruch des Propheten Mohammad (*hadith*)[1] lautet: *„Achtet eure Kinder und entwickelt in ihnen die besten Sitten."*

Der Islam erklärt die Rechte und Pflichten der Eltern gegenüber ihren Kindern und umgekehrt. Im Koran heißt es: *„Wir haben dem Menschen auf die Seele gebunden, seinen Eltern Gutes zu tun (...)"* (Sure 2: 9)

In einem anderen Ausspruch des Propheten heißt es: *„Gott segnet den, der seinem Kind hilft, gut zu sein und Gutes zu tun."*

Auf die Frage wie man seinem Kind dabei helfen könne, gab er vier Ratschläge:

- *Nehmt an, was in der Macht des Kindes steht und was immer es im Rahmen seiner Möglichkeiten ausgeführt hat!"*
- *„Was zu schwer und unerreichbar für das Kind ist, verlangt erst gar nicht von ihm!"*
- *„Haltet es nicht zu sündhaften Handlungen an!"*
- *„Lügt es nicht an und begeht ihm gegenüber keine törichten Handlungen!"*

Für wie wichtig der Prophet Mohammad, die Bildung der Muslime angesehen hat, ist auch weiteren Aussprüchen zu entnehmen:

---

[1] Hadithe/Aussprüche des Propheten: http://www.ahmadiyya.de/islam/hadith/index.html

"Es ist die Pflicht jedes muslimischen Mannes und jeder muslimischen Frau, nach Wissen zu streben."

"Strebe nach Wissen, selbst wenn du zu diesem Zweck bis nach China gehen müsstest."

Man sagt, wahres Wissen müsse von Rechtschaffenheit, Frömmigkeit und guten Taten begleitet sein, ansonsten sei es nicht mehr wert, als das Gepäck auf dem Rücken eines Esels. Echtes Lernen kommt dem Wert des Glaubens am nächsten. Leider ist trotz dieser deutlichen Anordnung, der Bildungsstandard von muslimischen Frauen und Männern in muslimischen Ländern, erschreckend niedrig.

1.2. Das traditionelle Erziehungs- und Bildungssystem im Iran

Seit der Eroberung Persiens durch muslimische Araber (642-1040n.Chr.) und seit ihrer Schiitisierung durch die Safaviden (1502n.Chr.) waren Moscheen die Zentren des Lernens geworden. Bis zur Mitte des 19. Jahrhunderts lag die Erziehung und Bildung der Kinder in den Händen der geistlichen Gelehrten. Es gab unter anderem *Maktabs* (Elementarschulen) und *Madrasas* (Oberschulen), deren Hauptziel es war, Kinder religiös zu erziehen und sie auf die kommende Welt vorzubereiten. Die Erziehung der religiösen Moralität stand im Vordergrund.

In den *Maktabs* wurden Kinder anhand des Koran, Lesen und Schreiben gelehrt. Außerdem wurden sie gleichzeitig mit dem religiösen Gesetz, den Geboten und Verboten Gottes vertraut gemacht. Der freiwillige Unterricht begann mit dem sechsten Lebensjahr und endete gewöhnlich mit der Pubertät. Im Laufe der Zeit kamen neben Religionslehre, Lesen und Schreiben, auch Rechnen, Geschichte, Geographie, arabische Literatur und Grammatik, sowie persische Literatur, als Fächer hinzu. Die geistlichen Lehrer, die keine spezielle Ausbildung erhielten, wurden von den Eltern oder den Einkommen der Stiftungen finanziert. Kinder aus armen, mittellosen Familien wurden nach islamischer Tradition, umsonst unterrichtet oder durch Spenden unterstützt. Spezielle Schulbücher gab es in den *Maktabs* nicht, neben dem Koran wurden beliebige Schriften und Bücher herangezogen. Auf das Alter und das geistige Fassungsvermögen der Kinder wurde also kaum Rücksicht genommen. Eltern aus der Oberen Gesellschaftsschicht, schickten ihre Kinder nicht in diese Schulen. Diese Kinder hatten Privatlehrer, die sie zu Hause unterrichteten. Je nach Interesse kamen dann Philosophie, Kalligraphie, Medizin und Staatsführung als Unterrichtsfächer hinzu.

Die *Madrasa* ist eine höhere Schulform, die von den Seldschuken im 11. Jahrhundert gegründet wurde, um muslimische Rechtsgelehrte und vor allem Personal für den

Staatsapparat in allen Bereichen auszubilden. Philosophen unterrichteten Diktat, Unterweisung und Diskussion, je nach Bedarf Landwirtschaft oder Viehwirtschaft. Die höhere Bildung war im islamischen Kulturbereich zunächst nicht institutionalisiert. Es gab Versammlungen (*Maglis*) um einen geistlichen Gelehrten herum, in denen wissenschaftliche Themen diskutiert und gelehrt wurden. So entwickelten sich die so genannten „Arabischen Wissenschaften" wie Philosophie, Grammatik, Rhetorik, Koran-exegese (*tafsir*), Koranrezitation, Theologie (*kalam*) und Rechtswissenschaften (*fiqh*).[2]

Außerdem gab es andere Schularten wie die Heeresschule, zur Ausbildung der Soldaten und Offiziere und die *Rihla* (die Reise), bei der Schüler und Lehrer den gesamten arabischen Sprachraum durchwanderten und sich in den Moscheen und Madrasas niederließen.

Im Allgemeinen kann man sagen, dass die Landbevölkerung allerdings von der Schulbildung ausgeschlossen war. Zum einen erlaubte es die finanzielle Lage nicht, die Kinder waren und sind leider immer noch unverzichtbare Arbeitskräfte, außerdem muss man beachten, dass ein großer Teil der persischen Dörfer von der Außenwelt abgeschottet waren und zum Teil immer noch sind.

Erst Mitte des 19. Jahrhunderts gelang es iranischen Gelehrten die Modernisierung des Schulwesens nach europäischem Vorbild zu verwirklichen.

Im Jahre 1852 wurde die erste staatliche Universität *Dar al-fonun* in Teheran gegründet, unter den Studienfächern waren Fächer wie Medizin, Militärwissenschaften, Geometrie, Pharmazie und europäische Sprachen. Es wurden ausländische Lehrkräfte eingeladen und beauftragt persische Studenten und Schüler auszubilden. 1856 wurde das Kulturministerium gegründet und innerhalb kürzester Zeit wurden in verschiedenen Städten Persiens, staatliche Schulen eröffnet, die Zuständigkeit der Bildung und Erziehung sollte ab jetzt in den Händen der Regierung liegen. Im Grundgesetz des Ministeriums wurde 1910 festgelegt, dass das Programm der Schulen und *Maktabs* durch das Ministerium bestimmt wird. Seit der Verfassungsrevolution von 1906 ist der Schulbesuch für Kinder ab 7 obligatorisch. Dennoch war die Anzahl der Schulbesucher sehr gering.

2. Die Pahlavi-Dynastie 1925-1979

Mit der Absetzung des letzten Qaǧaren-Schahs im Jahre 1925 und dem Beginn der Pahlavi-Dynastie unter Schah Rezā Hān, wurden die Privilegien der Religionsgelehrten weiter eingeschränkt. Nachdem immer mehr staatliche Schulen gegründet wurden und seit 1910

---

[2] Shodja Mahdiroody:Entwicklung und Struktur des Ausbildungswesens im Iran; Osnabrück 1980, S.46ff

Bildungsinhalte vom Kulturministerium kontrolliert wurden, fühlten sich die Geistlichen in ihrem Einfluss geschwächt.

2.1. Die Bildungspolitik unter Reza Schah (regierte 1925- 1941)

Rezā Schah hatte das Ziel, Iran durch ein Modernisierungsprogramm zu einem fortschrittlichen, säkularen Nationalstaat nach europäischem Muster zu machen[3] und den Islam aus dem öffentlichen Leben zu verdrängen. Dieses Ziel hatte er während seiner Regierungszeit (1925-1941) konsequent verfolgt. Unter anderem wurde die Infrastruktur ausgebaut und das Rechts- und Bildungssystem rationalisiert und säkularisiert, damit wurde die Scharī´a [4] zurückgedrängt.

Im Jahre 1929 gab es ein Kleidungsgesetz, das Männern westliche Kleidung vorschrieb und 1936 wurde den Frauen das Tragen des Schleiers verboten. Geistlichen Richtern (qādi) wurde im Jahre 1932, die Notarfunktion genommen und wer Richter werden wollte, brauchte von nun an einen juristisch-akademischen Abschluss. Somit wurde die Tätigkeit der 'ulamā (der Religionsgelehrten), auf rein religiöse Bereiche begrenzt.

Die Regierungszeit Reza Schahs ist in der Geschichte der Erziehung und Bildung Irans von großer Bedeutung. Insbesondere wird hier die Trennung von Religion und Schulbildung, welche schon im 19. Jahrhundert begonnen hatte, deutlich zu erkennen. Moderne Schulen werden errichtet, das französische Schulmodel wird eingeführt. Erneut brachte man 1925 das Gesetz der allgemeinen Schulpflicht heraus. Im Gegensatz zur traditionellen Erziehung, wurde nun auch die körperliche Erziehung ernst genommen und Sport in den Schulen als Pflichtfach eingeführt. Auch soziale Aktivitäten, die vorher nicht für wichtig gehalten wurden, spielten in der Erziehung der Kinder eine große Rolle.

1933 wurde das Nationale Komitee für Körperliche Erziehung und verschiedene Pfadfindergruppen gegründet.[5] Mädchen und Jungen wurden bis zur Mittelstufe in gemischten Klassen unterrichtet. Mit der Gründung der Teheraner Universität im Jahre 1937, nahm die Regierung zum ersten Mal an der Führung der Studenten teil. Auch die offizielle Bekämpfung des Analphabetentums begann unter Reza Schah.

Im Kulturministerium wurde 1936 eine Abteilung für Erwachsenenbildung eingerichtet.Den Erwachsenen wurde Lesen, Schreiben und Rechnen beigebracht.

---

[3] Monika Gronke: Geschichte Irans; Von der Islamisierung bis zur Gegenwart, C.H.Beck, München 2003, S.99f
[4] Islamisches Gesetz
[5] Ferideh Sobhani: Schulreform in Persien,Dissertation; Berlin 1979, S.58f

2.2. Die Bildungspolitik unter Mohammad Reza Schah (regierte 1941-1979)

Auf Druck der Alliierten musste Reza Schah 1941, wegen seiner Anlehnung zum Deutschen Reich im Zweiten Weltkrieg, zugunsten seines Sohnes Muhammad Reza abdanken. Dieser arbeitete mit den Alliierten zusammen, konnte sich jedoch nicht den von seinem Vater unterdrückten sozialrevolutionären Strömungen im Land widersetzen. Auch der Klerus nutzte die Schwäche des jungen Schahs aus, um sich wieder mehr Einfluss zu beschaffen. So wurde zum Beispiel das Tragen des Schleiers, welches Reza Schah 1936 im Rahmen seines Modernisierungsprogramms verbot, durch eine *fatwā* (Rechtsgutachten) von 1948 wieder zur Pflicht. Jedoch hielt Muhammad Rezā an der laizistischen Modernisierungspolitik seines Vaters fest und hielt jegliche gesellschaftliche Gruppen von der Politik fern.

2.3. Entwicklungsprogramme und „Weiße Revolution"

Die unangenehmen Folgen des Zweiten Weltkrieges haben die zielgerichtete Planung staatlicher Maßnahmen auch im Bereich Bildung, stark beeinträchtigt. Durch den Zweiten Weltkrieg und die Besetzung des Landes durch die Alliierten, kamen alle Fortschrittsversuche zum Stillstand. Nach der Befreiung des Landes begann die Regierung noch einmal bestimmte Programme für die Entwicklung des Landes zu entwickeln. Der Schah holte ausländische Wirtschaftsexperten ins Land, mit deren Hilfe wirtschaftliche Aufbauprogramme entwickelt wurden, so wurde die gesamte Wirtschaft, sowie das Ausbildungswesen von ausländischen Experten stark beeinflusst.

Im Jahre 1946 wurde das „Plankomitee" gegründet, welches unter anderem die Entwicklung des Elementarschulwesens vorantreiben sollte. Das Unterrichtsprogramm, welches die „Plan-Organisation" steuerte, folgte in den Folgejahren generell den wirtschaftlichen Zielen des Landes. Es wurde der Nachfrage des Arbeitsmarktes angepasst und arbeitete weniger auf eine langfristige Alphabetisierung der Iraner hin.

Im Jahre 1957 hatte sich die Schülerzahl im Vergleich zu 1940 verdoppelt, allerdings gingen nur 30% aller schulpflichtigen Kinder zur Schule.[6]

Im Rahmen des zweiten Entwicklungsprogramms(1955-1962), hatte die Regierung erste Bemühungen im Bereich der Lehrerausbildung und der Gründung von Berufsschulen unternommen. Eine Volkszählung von 1956 zeigt, dass die Gesamtbevölkerung Irans zu dieser Zeit etwa 19 Millionen Menschen betrug, davon waren etwa 11 Millionen

---

[6] Shodja Mahdiroody: Entwicklung und Struktur des Ausbildungswesens im Iran; Osnabrück 1980, S.77

Analphabeten. Das Stadt-Land-Gefälle machte sich hier auch besonders bemerkbar: ungefähr 94% der Landbevölkerung waren Analphabeten. [7]

Die politische, soziale und wirtschaftliche Krisensituation des Landes unter anderem durch die zunehmende Korruption und die angestrebte Gleichberechtigung von Frauen und Männern, trugen zu den sozialen Spannungen in der Bevölkerung bei. Während der Schah immer reicher wurde, verschlechterte sich die wirtschaftliche Situation der Bevölkerung, vor allem für die auf dem Lande. Obwohl der Schulbesuch laut Gesetz für alle schulpflichtigen Kinder obligatorisch war, wurde die Durchführung dennoch von einigen Faktoren eingeschränkt. Darunter waren unter anderem der Mangel an Lehrkräften, die wenige Zahl an Schulen, die wachsende Zahl der Bevölkerung und somit der schulpflichtigen Kinder und die mangelhaften Schulbedingungen in den Landgebieten. Im Januar 1963 verkündete Mohammad Reza Schah neue Pläne für die Modernisierung des Landes unter der Bezeichnung „Weiße Revolution". Den Mittelpunkt bildete die Agrarreform, die die Abschaffung des Feudalsystems beinhaltete. Demnach sollten landlose und landarme Bauern die Möglichkeit haben, Bodenbesitz käuflich zu erwerben und privat zu bewirtschaften. Ein weiterer Bestandteil der „weißen Revolution" war die „Erziehungsrevolution". Die „Armee des Wissens" wurde gegründet, um in den Dörfern Irans Analphabetentum, allgemeine Unwissenheit und soziale Rückständigkeit der Landbevölkerung zu bekämpfen. Militärdienstpflichtige Abiturienten leisteten ab 1963, ihren 18 Monate langen Dienst als Dorflehrer und unterrichteten Kinder sowie Erwachsene in Lesen, Schreiben und Rechnen. Der Einsatz der „Armee des Wissens", gab jungen Männern eine soziale Aufgabe und bekämpfte gleichzeitig den herrschenden Analphabetismus.

2.4. Die Schulreform von 1968 und das neue Bildungssystem

Trotz verschiedener Bemühungen und Investitionen im Bereich Bildung, entsprach das Bildungssystem nicht den sozialen und politischen Anforderungen des Landes, sondern orientierte sich zu sehr am Arbeitskräftebedarf der Industrieunternehmen hauptsächlich ausländischer Investoren. Die Diskrepanz zwischen theoretischer Schulausbildung und praktischem Leben wurde immer größer und im Allgemeinen war nicht klar welches Bildungsziel verfolgt wurde. Aufgrund des Bevölkerungswachstums, welches im Jahre 1967, 2,6% betrug[8], dem Anstieg der Schülerzahl, die steigende Arbeitslosigkeit, und dem

---

[7] Esmail Sepandassa: Der Beitrag der Armee des Wissens zur Veränderung der soziokulturellen Situation im Iran; Hamburg 1979 S.56f
[8] Ferideh Sobhani: Schulreform in Persien, Dissertation; Berlin 1979, S.133

wirtschaftlichen und industriellen Fortschritt sowie den oben aufgeführten Problemen, musste sich das Bildungssystem den neuen Bedürfnissen anpassen.

Am 6. Oktober 1968 erklärte Mohammad Reza Schah die Schulreform zum 12. Punkt der „Weißen Revolution". Unter anderem sollte das neue Bildungssystem auf folgenden Prinzipien basieren: Durch kostenlosen Schulbesuch sollte die Chancengleichheit gesichert werden. Ferner sollte durch verschiedene Programme und Methoden mehr auf die individuellen Fähigkeiten der Schüler eingegangen werden. Die Ausbildungsprogramme sollten sich nach den aktuellen sozialen und wirtschaftlichen Bedürfnissen des Landes orientieren, somit sollten technische und handwerkliche Berufe mehr gefördert werden. Außerdem sollten die Ausbildungen in diesen Berufen praxisorientierter gestaltet werden. Auch sollten Sitten und Bräuche der Iraner im Bildungssystem mehr berücksichtigt werden und neben dem schulischen Programm sollte es mehr Freizeitangebote für die Schüler geben.

Das alte Schulsystem beinhaltete sechs Jahre Grundschule und sechs Jahre Gymnasium. Nach der Schulreform von 1968 sollte das neue Schulsystem wie folgt aufgebaut sein[9]:

Kindergarten

Schulpflicht $\begin{cases} \textit{Grundschule: 5 Jahre} \\ \textit{Führungsschule: 3 Jahre} \end{cases}$

Gymnasium oder Berufschule: 2 – 4 Jahre

Infolge der Änderung des Schulsystems, wurden auch die Schulbücher erneuert. Die Erziehungsziele waren wie schon in der Regierungszeit Raza Schahs unter anderem Loyalität zur Regierung und Nationalismus.

Letztendlich scheiterte die „Weiße Revolution", der Schah hatte sich zu sehr von seiner Bevölkerung distanziert, seine Reformpolitik rief nicht nur bei der weiter verarmenden Landbevölkerung die sich zunehmend in die Großstätte flüchtete Unruhen hervor auch schiitische Geistliche wandten sich gegen das Reformprogramm, weil sie als Großgrundbesitzer ebenfalls betroffen waren. Außerdem wehrten sie sich gegen die angestrebte Aufhebung der Geschlechtertrennung im öffentlichen Leben. Die Landreform versagte in ihrem Ziel, die Nahrungsmittelproduktion zu verbessern oder die Armut auf dem Land zu beseitigen.

Ayatollah Khomeini, dessen Einstellung gegenüber dem Schah sich zunehmend radikalisierte, zumal dieser den Anliegen der Geistlichen kaum Beachtung schenkte, sagte über die Weiße

---

[9] Ferideh Sobhani: Schulreform in Persien,Dissertation; Berlin 1979, S.151

Revolution": *„Was so schön Weiße Revolution genannt wird, ist nichts anderes als ein amerikanischer Plan, dazu erdacht, unsere Landwirtschaft zu zerstören und unser ganzes Land in einem Absatzmarkt für Amerikanische Lebensmittel...zu verwandeln und unsere Bauern zu billigen Arbeitskräften zu machen. Die weiße Revolution ist Schuld daran, dass heute sämtliche Lebensmittel importiert werden müssen.* "[10]

Im Jahre 1978 wurden 80% der Nahrungsmittel importiert und Iran wurde noch stärker an das imperialistische Weltsystem gekettet. Die verschiedenen Alphabetisierungsprogramme konnten das Analphabetentum nicht bekämpfen, vielmehr stieg die Zahl der Analphabeten, aufgrund des hohen Bevölkerungswachstums, weiter an.

3. Die islamische Revolution von 1979

Im Land wuchs die Opposition gegen die „Verwestlichung" und Abhängigkeit Irans von ausländischen Mächten. Die schiitische Geistlichkeit prangerte die Vernachlässigung islamischer Werte an. Das Schah-Regime unterdrückte diese Bewegungen mit Hilfe des staatlichen Geheimdienstes SAVAK und zahlreichen Verhaftungen. Die Diktatur des Schahs begegnete jeglichem politischen Widerstand mit äußerst brutalen Methoden, politische Mitbestimmung und die Möglichkeit der freien Kritikäußerung waren unmöglich. Die Ursachen der Islamischen Revolution von 1979 sind nicht in der schiitischen Überlieferung oder im traditionellen Islam zu suchen. Die oben ausgeführte Krisensituation, die der Schah ins Land brachte, der Widerstand gegen ausländische Einflüsse und die jüngste koloniale Vergangenheit des Landes (1941 besetzten britische und sowjetische Truppen den Iran), führten zur Revolution, die über die Religion ihre Legitimation suchte.[11]

Seit 1961 plädierte Khomeini für eine Regierung schiitischer Geistlicher: *„Was nutzt es uns von Gott gegebene Gesetze zu verkünden, wenn wir keine Macht haben, um durchzusetzen dass sie befolgt werden?"*[12]

Es gelang Khomeini durch seine mitreißende, aufputschende Predigt, landesweit Massen gegen den Schah zu mobilisieren. Er wurde daraufhin verhaftet und in die Türkei abgeschoben, ließ sich 1965 am Schrein von an-Nağaf in Irak nieder, wo er predigte und lehrte. Später war er im französischen Exil.

---

[10] H. Nußbaumer: Khomeini; Revolutionär in Allahs Namen; München 1979, S.182
[11] Monika Gronke: Geschichte Irans; Geschichte Irans; Von der Islamisierung bis zur Gegenwart, C.H.Beck, München 2003, S.104
[12] Amir Taheri: Chomeini und die islamische Revolution, Hamburg 1985, S.147, Zitat Khomeini: *Tanzih al-masā'il* „Erklärung von Problemen" ,1961

Der eigentliche Beginn der Revolution war im Sommer 1977, als der Schah aufgefordert wurde die Verfassung von 1907 wieder uneingeschränkt anzuwenden. Im November und Dezember 1977 kam es zu ersten wilden Aufständen wegen Lebensmittelknappheit, zu hohen Preisen und zu niedrigen Gehältern. An den Universitäten der Großstädte demonstrierten Studenten für das Recht, eigene Vertretungen zu bilden. Die Universitäten und Hochschulenwaren über die ganze Revolutionsbewegung hinweg revolutionäre Zentren. Die Aktionen der Oberschüler und Studenten waren in vielen Städten Zündungen für weitere Aufstände. Auch zahlenmäßig stellten sie eine bedeutende Kraft dar.

Zur Eskalation kam es aber erst, durch einen im Januar 1978 in der hauptstädtischen Abendzeitung *Ettela'at* veröffentlichten Artikel, der Khomeini heftig attackierte. Dieser Artikel rief am folgenden Tag Demonstrationen in verschiedenen Städten hervor, bei denen blutige Zusammenstöße zwischen Polizei und Demonstranten, die nicht nur aus Sympathie zu den Geistlichen, sondern vielmehr gegen die Massenarmut, die Arbeitslosigkeit oder die gescheiterte Landreform auf die Straßen gingen, nicht zu vermeiden waren. Die Gedenktage für die Toten der Demonstrationen, die man als Märtyrer ansah, wurden erneut für Demonstrationen genutzt, deren Opfer erneut gedacht werden musste, usw. Der Wortführer der Revolution Khomeini forderte vom französischen Exil aus mit Flugblättern und Tonbandkassetten, den Widerstand fortzusetzen.

Der Schah verließ Anfang Januar 1979 das Land, die von ihm beauftragte zivile Regierung unter dem Oppositionspolitiker Bakhityar wurde von Khomeini nicht anerkannt. Fast gleichzeitig wurde die Bildung einer provisorischen Revolutionsregierung bekannt gegeben. Am 1.Februar 1979 hatte das Warten auf den „Retter" Khomeini ein Ende, jubelnd wurde der zu dieser Zeit 77-jährige in Teheran empfangen.

Um die äußerliche Einheit der revolutionären Bewegung beibehalten zu können, musste Khomeini zunächst darauf verzichten seine Vorstellungen eines Gottesstaates zu verkünden. Die Opposition vereinte Kommunisten, Sozialisten, Intellektuelle, bürgerliche Liberale, verschiedene religiöse Splittergruppen und natürlich den teilweise radikalen schiitischen Klerus. Khomeini versprach die Beibehaltung des Gesellschaftssystems, demokratische Freiheiten und auch die Gleichberechtigung von Mann und Frau. Das brachte ihm unter anderem die Unterstützung von Liberalen und Frauen. Erst im fortgeschrittenen Stadium der Revolution gab er seine wahren Absichten bekannt, als man im Rahmen der religiösen Ašūrā-Feierlichkeiten 1978 das erste Mal öffentlich von der Errichtung einer Islamischen Republik sprach.

3.1. Die „Kulturrevolution" Ayatollah Khomeinis

Khomeini und seinen Anhängern gelang es nach und nach jegliche Opposition auszuschalten und Khomeinis Konzept der „*Wilayat faqih*", der Regierungsausübung der Rechtsgelehrten um zusetzten. Kaum hatte Khomeini seine Macht festigen können, machte sich schon ein Wandel bemerkbar, der alle Lebensbereiche umfasste. Alle öffentlichen Einrichtungen wurden islamisiert, die Säkularisierung wurde aufgehoben. Es gab Massenhinrichtungen, Verfolgungen „Ungläubiger", Pressezensur, westliche Filme und Musik wurden verboten und natürlich waren Alkohol und Glücksspiele streng untersagt. Auch im Erziehungs-, Rechts- und Wirtschaftssystem wurden „Säuberungen" durchgeführt. Die Scharī'a wurde wieder eingeführt und die Geschlechtertrennung wieder hergestellt. Das Bildungssystem wurde „islamisiert", das heißt komplett umstrukturiert. Schulbücher wurden erneuert, Schulfächer angepasst oder abgeschafft. Über die Erziehung und Bildung des Landes sagte Khomeini[13]: "*Nachlässigkeit und Gleichgültigkeit in Sachen "Erziehung und Unterrichtung" sind ein Verrat an Islam, der Islamischen Republik sowie der kulturellen Unabhängigkeit des Landes und deren Bevölkerung. Derartiges muss verhindert werden!*" „*Die Verluste die diesem Land zugefügt wurden, sind mehr oder weniger auf nicht erzogene Philologen und unausgereiften Unterricht zurückzuführen. Wissen wird zwar vermittelt und erworben, doch unter Ausschluss von Taqwa*[14] ."

Bildung diente in erster Linie zur Unterstützung der Staatsideologie, als guter Muslim hatte man es leichter gute Noten zu bekommen oder an Universitäten aufgenommen zu werden. Mädchen und Jungen wurden getrennt unterrichtet.

Die Lehrkräfte wurden durch Geistliche ersetzt, Neu aus-, und fortgebildet. Besonderen Wert wurde auf die Grundschulbildung gelegt:

"*Bedenket, dass die Schulzeit von höherer Bedeutung ist als die Zeit des Hochschulstudiums. Darum, weil die Grundlage zur geistigen Entwicklung des Menschen in jenem Lebensabschnitt geschaffen wird.*" [15]

Im Jahre 1980 wurden die Universitäten für drei Jahre geschlossen:

---

[13] Institution zur Koordination und Publikation der Werke Imam Khomeinis (Abteilung intern. Beziehungen) (Hrsg.): Worte und Weisheiten Imam Khomeinis , erste Auflage 1993, 2.Teil Kap.2, S.215
[14] Taqwa = In der Erfurcht vor Gott begründete Tugendhaftigkeit
[15] Institution zur Koordination und Publikation der Werke Imam Khomeinis (Abteilung intern. Beziehungen) (Hrsg.): Worte und Weisheiten Imam Khomeinis , erste Auflage 1993, 2.Teil Kap.2, S.218

„Ihr schreit und fragt warum die Universitäten geschlossen bleiben sollen. Habt ihr vergessen, welches Verderben in diesen Universitäten hauste? Universitäten waren Bollwerke der Kommunisten... Sie befanden sich in den Krallen der Kommunisten und der Abtrünnigen. Wollt ihr tatsächlich, dass wir die Universitäten wieder öffnen?"[16]

Die drei Jahre lange Schließung der Universitäten, diente nicht nur zur Umstrukturierung der Einrichtungen, sondern auch zur Schwächung der verschiedenen politischen Gruppierungen, die sich an den Universitäten organisierten. Denn Universitäten im ganzen Land kristallisierten sich schnell als Stätten des Widerstandes gegen die islamischen Fundamentalisten heraus. Als die Universitäten im Herbst 1984 wieder öffneten, waren die meisten weiblichen Lehrkräfte entlassen worden. Die Zulassungsvoraussetzung für alle Studierenden enthielt eine zusätzliche Prüfung in Religion. Zu einigen Studiengängen wurden keine Frauen mehr zugelassen, die Anzahl der Studentinnen betrug im Eröffnungsjahr gerade einmal 10%.

Durch die Wiederherstellung der Geschlechtertrennung mussten Frauen sich weitgehend aus dem öffentlichen Leben zurückziehen. Die heute noch geltende strikte islamische Kleiderordnung, sieht vor, dass Frauen in der Öffentlichkeit nur mit Schleier auftreten dürfen, Männer hingegen dürfen keine kurzen Hosen tragen. Frauen war es verboten sich zu schminken und Absatzschuhe zu tragen. „Revolutionswächter" sorgen heute noch für die Einhaltung der islamischen Gesetze in der Öffentlichkeit.

Im Wesentlichen kann man sagen, dass Khomeini die islamischen Gesetze des 7. Jahrhunderts auf das 20. Jahrhundert übertragen hat, und dabei auch keine Hindernisse kannte.

Nicht nur von den Mitträgern der Revolution, den Sozialisten oder Intellektuellen, die enttäuscht wurden und sich hintergangen fühlten kam bald Widerstand, auch unter hohen Geistlichen regte sich bald Widerspruch gegen Khomeinis Verständnis von „islamischer Ordnung".

Das Volk wurde in seinen Hoffnungen enttäuscht, Demokratie und Freiheit gab es nicht, den versprochenen wirtschaftlichen Aufschwung auch nicht. Die sozialen Probleme blieben bestehen, die wirtschaftliche Lage war schlimmer denn je zuvor. Die Diktatur des Schahs wurde abgelöst durch die Diktatur der Geistlichen. Khomeinis Versuch die Staatsform zu Zeiten des Propheten in das 20.Jahrhundert zu übertragen, scheiterte. Ihm wurde vorgeworfen

---

[16] Gabriele Thoß,Franz-Helmut Richter: Ayatollah Khomeini; zur Biographie und Hagiographie eines islamischen Revolutionsführers, Wurf Verlag Münster, 1991, S.202

zu unhistorisch zu denken und dass er es sich zu einfach mache, all die Entwicklungen, die nach der Zeit des Propheten und der Imame kamen, für nichtig zu erklären. Er regierte seinen „Gottesstaat", bis zu seinem Tod 1989, insgesamt zehn Jahre, mit äußerster Härte.

3.2. Das heutige Schulsystem im Iran

Im Iran besteht Schulpflicht bis zur achten Klasse. Das iranische Schulsystem unterscheidet drei schulische Stufen, die nach zwölf Jahren zum Abitur führen. Die Hauptziele der Bildung sind die Erziehung der Kinder zu guten Muslimen und die Wettbewerbsfähigkeit als moderne Nation und somit die Unabhängigkeit vom Westen. Abgesehen von den „Säuberungen" durch die Kulturrevolution Khomeinis, blieb das auf dem französischen Model basierende Schulsystem seit der Einführung durch Reza Schah in den 20er Jahren unverändert bestehen. Das Schulsystem sieht wie folgt aus:

Kindergarten

Vorschule:1 Jahr

Grundschule: - Elementarstufe: 5 Jahre

- Orientierungsstufe 3 Jahre

Sekundarstufe: akademisch-theoretisch - technisch- beruflich: 3 bis 5 Jahre

In der Vorschule sollen Kinder spielerisch an die Handhabung mit Papier und Stift herangeführt werden. Der Lehrplan beinhaltet Gruppenspiele, Geschichtenerzählung, Religionsgeschichte und Praxis, aber auch Koranlehre, Diktate und Aufsätze, Mathematik, Biologie und Sport.

Die Hauptziele der fünfjährigen Elementarstufe sind das lehren von Lesen und Schreiben, sowie die Vermittlung von sozialem Verhalten, Moral und Disziplin.

Die dreijährige Orientierungsstufe soll der Entwicklung der moralischen und intellektuellen Fähigkeiten und der Verbesserung der Allgemeinbildung dienen. In erster Linie steht aber das Herausarbeiten der individuellen Vorlieben und Fähigkeiten der Schüler im Vordergrund. Mit Abschluss der Orientierungsstufe sollen die Schüler in der Lage sein zu entscheiden wie sie ihre schulische Laufbahn fortsetzen werden. Der Lehrplan beinhaltet Arabisch, Geschichte, Geographie, Mathematik und Biologie.

Die Sekundarstufe teilt sich in zwei „ Züge" auf: es gibt den akademisch-theoretischen und den technisch-beruflichen Zug.

- Die Akademisch-theoretische Sekundarstufe beinhaltet allgemeine akademische Fächer wie Mathematik, Physik, empirische Wissenschaften, Biologie und Wirtschaft. Die Abschließende Prüfung erteilt Schülern bei bestehen das „Diplom- Motevaseteh", die Befähigung zum einjährigen Universitäts-vorbereitungskurs.

- Die technisch-berufliche Sekundarstufe basiert auf angewandten Wissenschaften, wie z.B. dem landwirtschaftlichen Handel. Ihr Hauptziel ist die Entwicklung von Fachkompetenten Arbeitern, Vorarbeitern und Tutoren. Der Lehrplan variiert ja nach individueller Fächerwahl oder Berufsausbildung. Es besteht die Möglichkeit der einjährigen Weiterbildung zum Hochqualifizierten Techniker dessen Abschlussprüfung ebenfalls die Befähigung zur Teilnahme an einem Universitätsvorbereitungskurs erteilt. Außer einigen wenigen privaten Hochschuleinrichtungen, gibt es im Iran fast nur staatliche Hochschulen.

Heute gibt es 46 Universitäten, rund 200 Fachhochschulen und 60 technische Hochschulen in Iran.

Schluss

Die Lese- und Schreibfähigkeit der iranischen Bevölkerung betrug vor der islamischen Revolution 45%, im Jahre 1996 hingegen waren es 80%. Heute können 93% der zehn bis 24jähringen Lesen und Schreiben. Allerdings besteht die Kluft zwischen Stadt und Land hinsichtlich der Lebensbedingungen sowie hinsichtlich der Bildung und Erziehung nach wie vor. Die Analphabetenrate der weiblichen Bevölkerung liegt noch immer deutlich über der der männlichen Bevölkerung.

Im Jahr 2001 lag die Analphabetenrate der männlichen Bevölkerung bei 16 Prozent, die der weiblichen bei 30[17]. Über 60 Prozent der Studenten im Iran sind weiblich und sind immer zahlreicher auch in den traditionell männlichen Studiengängen wie Ingenieurswesen oder Maschinenbau vertreten. In der Arbeitswelt sind Frauen aber nach wie vor Diskriminierung und Unterbezahlung ausgesetzt. Der Altersdurchschnitt im Iran ist mit 23,4 Jahren einer der niedrigsten weltweit. 70 Prozent der Iraner sind unter 25 Jahre alt. Die Jugend ist allgemein sehr gut ausgebildet, leidet aber stark unter der hohen Arbeitslosigkeit des Landes, welche sie eine der Hauptgründe ihrer Perspektivlosigkeit ist. Jährlich gibt es 900.000 Jugendliche, die um die nicht mehr als jährlich 300.000 Arbeitsplätze ringen.

In Drogenexzessen und Untergrund-Partys suchen viele Jugendliche einen Ausweg, die Drogenabhängigkeit iranischer Jugendlicher gehört zu den höchsten weltweit. Für Jugendliche im Iran gibt es kaum gesellschaftliche Unterhaltung, keine Kneipen, Discos oder

---

[17] Prozentzahlen beziehen sich auf den Länderbericht Iran, 1992 ,S.40

Clubs, um sich zu amüsieren. In der Öffentlichkeit sind sie den strengen Kontrollen der „Sittenhüter" ausgeliefert, allerdings haben sich die Jugendlichen viele Freiheiten Stück für Stück zurückerkämpft. Es entstanden in den letzten Jahren eine Palette an Subkulturen, manche ausschließlich virtuell über Chaträume und Webblogs im Internet, andere in Wohnzimmern oder Hinterhöfen. Die Revolution von 1979 wurde von einem Großteil der Bevölkerung getragen, doch heute wendet sich die Bevölkerung immer mehr von der Regierung ab.

Literaturverzeichnis

Husén, Torsten: Iran System of Education Encyclopedia of Education , Research and Studies ; Pergaman Press Oxford, 1994

S.M. Redjali: Iran Encyclopedia of Comparative Education and National Systems of Education, T. Neville Postlethwaith , 1988

Joel Packham, Jr. : Iran World Education Encyclopedia (Vol.2); Rebecca Marlow-Ferguson, 2002

Monika Gronke : Geschichte Irans; Von der Islamisierung bis zur Gegenwart C.H. Beck München, 2003

Heinz Halm: Der schiitische Islam, Von der Religion zur Revolution; Beck´sche Reihe , München 1994

Institution zur Koordination und Publikation der Werke Imam Khomeinis (Abteilung intern. Beziehungen) (Hrsg.): Worte und Weisheiten Imam Khomeinis 1.Auflage 1993

Institution zur Koordination und Publikation der Werke Imam Khomeinis: *Wilāyat Faqih* ,Islamisches Government von Imam Khomeini, Teheran 1970

Gabriele Thoß,Franz-Helmut Richter: Ayatollah Khomeini; zur Biographie und Hagiographie eines islamischen Revolutionsführers,Wurf Verlag Münster, 1991

Amir Taheri: Chomeini und die islamische Revolution, Hamburg 1985

Ferideh Sobhani: Schulreform in Persien, Dissertation; Berlin 1979

Shodja Mahdiroody: Entwicklung und Struktur des Ausbildungswesens im Iran;Osnabrück 1980

Esmail Sepandassa: Der Beitrag der Armee des Wissens zur Veränderung der soziokulturellen Situation im Iran; Hamburg, 1979

Winfried Pohly: Iran; Langer Weg durch Diktaturen; Express-Edition, Berlin,1985

Gerhard Konzelmann: Die islamische Herausforderung; Campe Verlag Hamburg, 1991

Gerhard Schweizer: Iran ;Khomeinis extreme Position , Klett-Cotta Stuttgart 1991

www.ahmadiyya.de/islam/hadith/index.html

www.qantara.de

www.omnibus.uni-freiburg.de/deutschm/isfahan2004/iran-minderheiten.pdf

www.oefre.unie.ch

http://www.islamische-bildung.de/index.html 04/06

http://www.khune.de/modules.php?name=News&file=article&sid=785 15/02/06